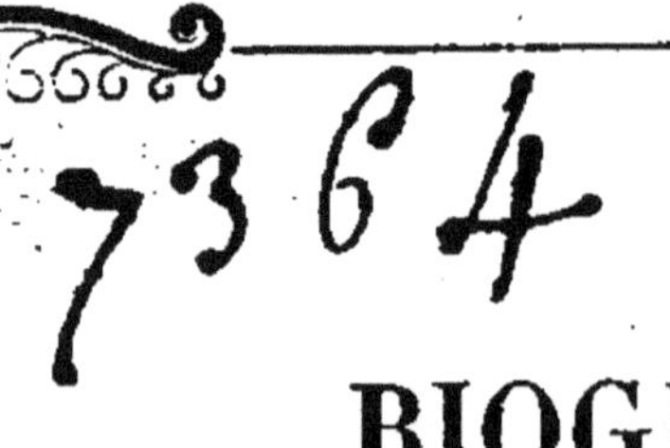

BIOGRAPHIE

DE M.

LOUIS BONAPARTE

———

PARIS

MARTINON, RUE DU COQ SAINT-HONORÉ, 5

———

1848

Paris. — Imprimé par Plon frères, 36, rue de Vaugirard.

BIOGRAPHIE

DE

M. LOUIS BONAPARTE.

PRÉFACE.

Dans quelques jours la France procédera au plus grand acte qu'il soit donné à une nation d'accomplir ; elle choisira l'homme sur lequel reposeront, pendant les quatre premières années de l'établissement républicain, les destinées du pays. Il importe donc, au moment où va s'ouvrir ce scrutin solennel, d'examiner attentivement quels sont les titres de ceux qui se présentent aux suffrages des électeurs.

M. Louis Bonaparte a posé sa candidature, on s'y attendait. Le héros de Strasbourg et de Boulogne a voulu tenter une troisième échauffourée. On n'a pas oublié quels moyens ingénieux ont été employés aux dernières réélections par le neveu de l'empereur pour fasciner les électeurs naïfs ; en province, des agents parcouraient les campagnes et annonçaient aux villageois la bonne nouvelle. Le *prince* Louis Bonaparte, qui, dernièrement, ne pouvait faire escompter à Londres une lettre de change de 3,000 livres sterling, arrivait en France avec des milliards dans sa poche ; à l'aide de ces milliards fantastiques, qu'il allait donner à la France le lendemain de son élection, le contribuable n'aurait plus d'impôts à payer pendant six ans. Le *prince* était fâché de ne pouvoir prolonger au delà de six années cet état de choses si agréable, mais sa fortune ne lui permettait pas de prendre un plus long engagement. M. Bonaparte donnait quinze cents millions par année pendant six ans, c'était un chiffre déjà assez raisonnable. A Paris, le prétendant de Boulogne s'arrangeait avec tous les partis : il était sur toutes les affiches, ici avec M. de Girardin, là-bas avec M. Battur, un peu plus loin il figurait entre M. Raspail et M. Cabet ; ailleurs il s'abritait sous le sabre du maréchal Bugeaud et derrière la soutane de M. de Genoude. Son nom était partout. Il semblait que, n'ayant pu l'inscrire dans l'histoire, il avait eu l'ambition de le faire écrire sur tous les murs de Paris.

Certes, nous comptons trop sur le patriotisme de la France, et même sur le bon sens de ces campagnes, que les amis de M. Bonaparte nous représentent comme si arriérées, pour supposer un instant que nous verrons réapparaître le petit chapeau de l'empereur, tombé du front de son neveu dans la triste échauffourée de Boulogne ; mais il importe de dire toute la vérité, et d'écarter de la République tous ces impuissants fantômes qui troublent l'imagination populaire, et semblent porter avec eux les colères des partis et les vengeances du passé.

Que ferait à la tête d'un gouvernement républicain ce jeune homme qui, toute sa vie, a rêvé un empire ? Ses amis assurent qu'il viendra seconder de tous ses efforts le développement du principe démocratique. Lui prétend, avec cette modestie naturelle aux prétendants, que *son nom seul peut consolider la société ébranlée.* La réponse à ces deux affirmations est tout entière dans le passé de M. Louis Bonaparte. Avant donc de répondre aux prétentions de M. Bonaparte, qu'on nous permette d'interroger ce passé ; il n'est pas inutile de placer cette page d'histoire sous les yeux de ceux dont la main s'apprêterait à jeter dans l'urne, sans qu'ils s'en doutassent, une semence de guerre civile.

HISTOIRE

DE M. LOUIS BONAPARTE.

M. Louis Bonaparte n'a pas le prestige de l'inconnu ; il y a dans sa vie deux exploits qui ne sauraient s'effacer. Strasbourg et Boulogne sont ses deux titres à l'immortalité. Il faut en vérité que nous soyons bien oublieux pour avoir permis à l'esprit d'intrigue de remettre en scène un personnage écrasé sous un nom glorieux et manifestement empreint de ce défaut qui a toujours été mortel en France.

Neveu de l'empereur, ce jeune homme fut atteint dès sa plus tendre jeunesse d'une manie déplorable : il crut que le lien du sang qui l'unissait à Napoléon l'avait fait aussi l'héritier du génie de ce grand homme, et que cette parenté lui conférait des droits au trône de France. On sait les habitudes de sa vie lorsqu'il habitait Arenenberg : entouré d'une cour de jeunes gens dont quelques-uns prirent part dans la suite aux équipées de Strasbourg et de Boulogne, il passait son temps à façonner en espérance, au sein de ce petit comité, une parodie de la France impériale; il suivait sur une carte ses conquêtes futures, pointait ses champs de bataille et taillait en pièces, toujours dans son imagination, les armées de l'Europe. Ses courtisans le traitaient d'altesse impériale, et il avait coutume de dire à tout propos : *Quand je serai empereur,* etc. C'est ainsi qu'il confondit le respect et l'admiration dont la nation entourait la mémoire de Napoléon avec un désir insensé de ressusciter une époque évanouie et de s'agenouiller devant la parodie de l'homme du destin.

M. Louis Bonaparte noua donc en France plusieurs intrigues pour exploiter à son profit les souvenirs napoléoniens, profondément empreints dans la mémoire et dans le cœur du peuple. Quelques jeunes gens aventureux, quelques vieux officiers, fanatisés par la vue de l'aigle impériale, embrassèrent la fortune du prétendant, et le complot de Strasbourg fut formé.

Le 30 octobre 1836, le 4ᵐᵉ régiment d'artillerie était réuni en armes, à cinq heures du matin, par ordre du colonel. Les sous-officiers avaient reçu chacun deux pièces d'or, qu'ils furent chargés de distribuer en monnaie aux soldats de leur batterie.

Les soldats se demandaient avec étonnement la cause de ce rassemblement extraordinaire et de cette distribution d'argent insolite, lorsqu'ils virent apparaître dans la cour d'Austerlitz, où ils étaient réunis, sept à huit personnes portant des costumes d'officiers français et escortant un drapeau surmonté d'une aigle. En tête de ce groupe marchait le prince Louis, vêtu d'un *costume semblable à celui que portait l'empereur* (1) : petit chapeau, habit vert échancré, redingote grise et bottes à l'écuyère; la parodie était complète. Cet état-major s'avança au milieu de la cour. Le colonel Vaudrey lut une proclamation qu'un officier résumait dans les termes suivants devant la cour d'assises du Bas-Rhin :

« Soldats du 4ᵉ régiment d'artillerie, une révolution vient d'éclater en France; Louis-Philippe n'est plus sur le trône; Napoléon II, *empereur des Français*, vient prendre les rênes du gouvernement; criez *vive l'empereur !* »

(1) Déposition du général Wolrol.

Les canonniers obéirent à ce commandement de leur colonel. Il y a des soldats naïfs peu versés dans l'histoire de France, fort ignorants surtout de la généalogie de la famille napoléonienne. Un officier du régiment, le capitaine Desmaretz, entrait dans la cour au moment où les soldats poussaient le cri de *Vive l'Empereur!* dont l'ambiguïté perfide est encore aujourd'hui la grande ressource politique de M. Louis Bonaparte. — Qu'est-ce que cela signifie? demanda le capitaine. — C'est l'empereur qu'on proclame, dit un soldat. — Mais il est mort, répondit le capitaine. — C'est son fils, dit un autre. — Mais il est mort aussi. — Alors ça doit être son petit-fils, son neveu ou son cousin, reprit un troisième; enfin c'est un empereur, c'est le colonel qui le dit.

Enorgueilli par ces suffrages éclairés, M. Louis Bonaparte prit à son tour la parole; et, avec cet accent allemand qu'on lui connaît, il promit à tout le monde de l'avancement. Pour que la parodie ne laissât rien à désirer, il détacha sa croix de sa poitrine et l'attacha sur celle d'un vieux soldat. Mais, ô malheur! M. Bonaparte est myope; il ne vit pas que le soldat était déjà décoré, et, malgré la solennité de la circonstance, l'assemblée ne put réprimer quelques sourires (1). Puis, saisissant l'aigle impériale avec le geste de Napoléon à Fontainebleau, il la pressa sur son cœur et la remit au colonel Vaudrey en disant : « Je la confie au brave Vaudrey, qui, comme moi, saura la défendre. »

M. Louis Bonaparte, usurpant le commandement du régiment, se dirigea, musique en tête, sur la préfecture et le quartier de la division militaire. Il monta dans la chambre du général Woirol, qui commandait à Strasbourg ; le général était couché. M. Bonaparte se présenta, prit une chaise, s'assit au pied du lit et exposa son plan. Le général, homme d'esprit, ne reconnut dans cet étrange prétendant qu'une contrefaçon du costume et des allures de Napoléon. Il le repoussa avec indignation, et se vit bientôt consigné dans ses appartements par les ordres de l'un des compagnons de *Napoléon II.* Cet officier, chef d'escadron de la garde municipale, avait pensé que, du moment où il plairait à M. Louis Bonaparte de se proclamer empereur, rien ne l'empêchait de se faire général, et il s'était fait général. Le préfet du Bas-Rhin, coupable du crime de lèse-majesté au même

(1) Déposition du capitaine Desmarelz.

titre que le général Woirol, fut également retenu prisonnier dans son hôtel.

La parodie de l'empire dura une heure, et se borna pour tout trophée à la capture de ces deux fonctionnaires. La cour d'une caserne avait vu l'avénement de M. Louis, une autre cour du quartier fut témoin de sa chute.

M. Bonaparte, ayant échoué dans sa tentative de séduction auprès du général Woirol, s'avança vers la caserne de Finkmatt, occupée par le 46ᵉ régiment de ligne.

La précaution qui avait fait le succès momentané du faux empereur auprès du 4ᵉ régiment d'artillerie n'avait pu être prise à la caserne de Finkmatt. Les officiers ne furent pas séparés de leurs soldats ; aussi le vertige du chauvinisme qui avait égaré un moment quelques pauvres têtes ne fut pas contagieux. L'air peu martial du prétendant parlait peu pour lui. Le soldat français aime les figures intelligentes : il lui était impossible de reconnaître son empereur dans ce jeune Allemand déguisé en grand homme. Vainement M. Louis Bonaparte et ses affidés prodiguèrent les promesses de grades, de décorations, d'argent ; après quelques instants de pêle-mêle et de confusion, Napoléon II, dépouillé de sa majesté d'emprunt, honni, conspué, fut enfermé dans la maison d'arrêt de Strasbourg. Ses complices furent traduits devant la cour d'assises; mais le chef de l'entreprise fut mis en liberté sans jugement. Il était prince.

Un usage aussi excessif de la prérogative royale engageait la reconnaissance de celui qui en fût l'objet. Le prince Louis parut le comprendre, si nous en croyons des lignes écrites par lui au moment où il allait s'embarquer pour l'Amérique. Voici quelques fragments d'une lettre de M. Louis Bonaparte : qu'on la médite, elle peint l'homme.

« Malgré mon désir de rester avec mes compagnons d'infortune et de partager leur sort, malgré mes réclamations à ce sujet, le roi, *dans sa clémence,* a ordonné que je fusse conduit à Lorient, pour passer de là en Amérique. *Quoique vivement touché de la générosité du roi* (ici Me Parquin, qui donnait lecture de cette pièce, s'interrompit pour dire à l'avocat général : Vous voyez, monsieur, que parmi ses nombreux défauts il ne faut pas compter l'ingratitude), je suis profondément affligé de quitter mes coaccusés, dans l'idée que ma présence à la barre, que mes dépositions en leur faveur auraient pu influencer le jury et l'éclairer sur plusieurs points importants.

» Certes, *nous sommes tous coupables envers le gouvernement d'avoir pris les armes contre lui;* mais le plus coupable c'est moi, c'est celui qui, méditant depuis longtemps une révolution, est venu tout à coup arracher des hommes à une position honorable pour les livrer à tous les hasards d'un mouvement populaire.

» En effet, je leur avais parlé de leurs serments, je leur rappelai qu'en 1815 ils avaient juré fidélité à Napoléon II et à *sa dynastie. Pour leur ôter même tout scrupule* (aveu naïf), *je leur dis qu'on parlait de la mort presque subite du roi et que la nouvelle paraissait certaine. On verra par là combien j'étais coupable envers le gouvernement; or le gouvernement a été généreux envers moi,* il a trouvé que ma position d'exilé, que *mon amour pour la France,* que ma parenté avec l'empereur étaient des *causes atténuantes.* »

Humbles paroles qui démentaient complétement l'attitude antérieure de M. Bonaparte, alors qu'à Arenenberg il déclarait devant sa petite cour qu'il n'ambitionnait que le trône ou l'échafaud. Eh quoi! c'était l'altesse impériale qui s'abaissait à écrire une pareille lettre! Il allait jusqu'à avouer, dans son désir de se faire plus humble, plus petit, qu'il avait eu recours au mensonge pour entraîner ses complices. Mais au moins celui qui avait tracé ces lignes était engagé; il devait, sous peine de passer aux yeux de toutes les honnêtes gens pour un homme sans pudeur et sans foi, renoncer à jouer de nouveau son personnage d'empereur. Mais il paraît que les notions du juste et de l'injuste n'existaient que d'une façon très-confuse dans l'esprit de M. Louis. Il semblerait que pour lui la foi jurée ne soit qu'un jeu, le serment une niaiserie sentimentale; car deux ans ne s'étaient pas écoulés que, toujours travaillé de sa monomanie impériale, le triomphateur de Strasbourg essayait du fond de la Suisse de jeter en France des brandons de guerre civile. L'aventure de Strasbourg, qu'il avait d'abord paru juger comme la jugera l'histoire, il eut l'imprudence de la faire glorifier dans une brochure répandue par milliers à Paris et à Londres, brochure ridicule dans laquelle il proclamait de nouveau la légitimité de ses prétentions au trône de France.

A la suite de la querelle diplomatique qui

survint entre la France et la Suisse relative-
ment à M. Bonaparte, celui-ci se retira à Londres pour y préparer son immortelle campagne
de Boulogne. Il préluda à ses rêves d'empire en
se montrant l'un des plus stricts et des plus malheureux observateurs du *dandysme*, il se
lança dans le *high life*, se fit recevoir aux
clubs et parada devant l'aristocratie anglaise,
cette dure aristocratie qui avait tué son oncle ;
plutôt que de vivre dans la retraite et de se re-
garder toujours sur ce sol anglais comme sur
une terre hostile, il devint l'habitué des
raouts des ennemis de la France, mena l'exis-
tence d'un lion désœuvré et SE FIT PRÉSENTER
AU DUC DE WELLINGTON (1). Cet ennemi
acharné de Napoléon dut être bien étonné de
cette incroyable fantaisie du neveu du grand
homme qu'il avait poursuivi de sa haine jusqu'à
sa mort.

Le fameux tournoi d'Eglington le compta
au nombre de ses paladins ; M. Louis Bonaparte, revêtu de brassards et de cuissards,
entra en lice sous les yeux de la reine et de
l'aristocratie britannique, et rompit des lances
courtoises avec les meurtriers de celui dont il

____

(1) Voir le *Times*, 29 janvier 1840.

s'est toujours prétendu l'héritier. Qu'aurait pensé Napoléon du haut de son triste rocher de Sainte - Hélène s'il avait pu prévoir qu'un jour un de ses neveux irait fraterniser avec les fils de ses bourreaux !

Mais il est temps de suivre le prétendant dans cette ridicule échauffourée où il laissa tomber sous les huées des soldats le prestige impérial qu'il espère retrouver aujourd'hui dans l'urne du suffrage universel.

Lorsqu'il eut résolu l'expédition de Boulogne, il fit imprimer dans son hôtel, à l'aide d'une presse à bras, les affiches et les prospectus de son gouvernement de théâtre.

M. Louis se présentait comme héritier légitime de l'empereur Napoléon, ayant droit à la couronne de France en vertu du sénatus-consulte de l'an XII. Voici ce que disait à ce sujet M. de Persigny, un de ses compagnons : « Nous avions l'intention de renverser le gouvernement des Bourbons et d'y substituer la dynastie impériale. C'était du moins mon intention personnelle (1). » L'intention personnelle de M. de Persigny ne différait en rien de celle du prétendant, car le général Montholon disait dans

(1) Cour des Pairs, attentat du 6 août 1840.

le cours du procès : « Le prince cherchait toute espèce de moyens de rentrer en France à main armée et de reprendre la couronne de France (1).

Le prétendant avait rédigé ou plutôt fait rédiger à l'avance trois proclamations adressées à la nation française, à l'armée et aux habitants du Pas-de-Calais. A la nation française il disait : « Français ! je vois devant moi l'avenir brillant de la patrie. *Je sens derrière moi l'ombre de l'empereur qui me pousse en avant.* Je ne m'arrêterai que lorsque j'aurai *repris l'épée d'Austerlitz*, remis les aigles sur nos drapeaux et le peuple dans ses droits. »

Ah oui ! M. Louis Bonaparte était bien l'auteur de cette proclamation, lui seul pouvait être assez maladroit pour faire cette allusion à l'un des plus tristes épisodes de l'affaire de Strasbourg. Qu'en aviez-vous fait, de cette glorieuse épée ! monsieur Louis Bonaparte ? qu'était devenue cette noble relique dont vous auriez dû être le gardien pieux ? Hélas ! il faut bien le dire, M. Louis Bonaparte en avait fait l'une des pièces de son accoutrement d'empereur. Il avait osé s'attacher à cette épée de géant, le nain ! et il

____

(1) Cour des Pairs, attentat de 1840.

l'avait laissée choir de ses mains débiles dans la caserne de Finkmatt. Étrange fortune des choses ! l'épée d'Austerlitz figura sur la table de la cour d'assises de Strasbourg parmi les pièces à conviction (1), à côté de la plaque du prince Eugène ; et la honte n'a pas étouffé le neveu de Napoléon !

Le prince Louis ne s'était pas seulement muni d'un drapeau tricolore aux armes de l'empire, surmonté de l'aigle de l'empire et illustré par le nom des principales victoires de l'empire ; il avait encore apporté un aigle vivant. M. Louis Bonaparte avait pris à la lettre les mots de son oncle : l'aigle volera de clocher en clocher jusqu'aux tours de Notre-Dame. L'opinion publique s'est beaucoup amusée dans le temps de ce volatile extraordinaire, qui depuis.... Mais alors il n'était pas encore empaillé, et on l'avait exercé à voltiger autour du chapeau de son empereur. Hélas ! les destinées ne permirent pas à cet oiseau savant de montrer son savoir-faire ; il ne put prendre son vol, ainsi que cela avait été annoncé sur le programme ; la pièce fut sifflée à la première scène ; et l'un des principaux personnages de la conspiration ne put pas même sortir de sa cage.

(1) *Observateur des Tribunaux*, tome XIII, p. 53.

Le matériel de la conspiration était fort compliqué ; outre l'aigle de bois doré et l'aigle vivant, M. Louis avait fait acheter au Temple de vieux uniformes de soldats d'infanterie auxquels il avait cousu des boutons du 40ᵉ de ligne. Tels étaient les moyens que M. Bonaparte était réduit à employer pour appuyer une cause qu'il appelait éminemment nationale.

Lorsqu'il eut fait tous ces préparatifs, le prince loua à Londres le bateau à vapeur *la Ville d'Édimbourg*, et s'embarqua le 4 août 1840. Hambourg était le but apparent du voyage. Il avait dit à ses invités et à ses domestiques qu'il ne s'agissait que d'un voyage d'agrément. Ce ne fut que le lendemain, que le prince rassembla tout le monde sur le pont et raconta son projet. Il n'avait pu, disait-il, résister plus longtemps aux vœux du peuple français, et il les avait choisis pour aller à Paris établir le nouvel empereur (1).

Lorsque ce projet fut connu, quelques-uns des invités stupéfaits crurent devoir adresser quelques remontrances à M. Bonaparte qui n'était déjà plus un jeune homme et à qui l'opi-

_____

(1) Réquisitoire de M. Frank-Carré, page 19, attentat de 1840.

nion publique ne pardonnerait pas une seconde fois une tentative semblable à celle de Strasbourg ; M. Bonaparte joua la grandeur d'âme et déclara qu'il était prêt à débarquer à la première relâche ceux qui ne voudraient pas partager sa fortune. La plupart des passagers, gens besogneux qui s'étaient attachés à M. Bonaparte en désespoir de cause, se crurent engagés, par une fausse interprétation du point d'honneur, et déclarèrent qu'ils s'associaient à l'entreprise, sans cependant croire à sa réussite. Aussitôt les domestiques, les palefreniers, les coiffeurs et le maître de danse du prince furent déguisés en soldats du 40e régiment de ligne, les compagnons de M. Louis revêtirent de riches uniformes tout chamarrés d'or, et en quelques instants le prince eut un état-major aussi splendide que celui qui entourait naguère M. Edmond du Cirque-Olympique. Largesse fut faite à cette armée d'antichambre ; toute la journée se passa au milieu des bouteilles de rhum et d'eau-de-vie ; l'état-major but du champagne à la santé de la Majesté postiche ; le soir tout l'équipage était ivre, à l'exception de l'aigle. Pour prouver que nous n'inventons rien, nous laisserons parler le capitaine Crow et le garçon de *barn* Hobbs. Le juge d'instruction demande à Crow : « Avez-vous vu boire les passagers ? » Celui-ci répond : « Oui, avec excès. Je n'avais jamais vu semblable chose (et c'est un Anglais qui parle). La veille du débarquement, j'entendis, dans la journée, de ma chambre, des houras sur le pont. Je montai tout de suite. Mais, n'entendant pas le français, je ne pus savoir quelle était la cause de ce tumulte; et comme les passagers avaient beaucoup bu et mangé dans la traversée et mené une vie très-joviale, j'attribuai les clameurs qu'ils poussaient à la disposition d'esprit dans laquelle ils devaient être après une si grande consommation (1). » Hobbs confirme le récit de Crow. « Les passagers ont passé tout le jour et toute la nuit à boire et à manger ; je ne faisais rien autre chose que de déboucher des bouteilles et de servir à manger (2). »

Le 4 août, à six heures du matin, *la Ville d'Édimbourg* aborde sur les côtes de France ; le cortége prend son ordre de bataille. L'*empereur* marche en tête, revêtu de cet éternel habit vert et de ce chapeau que vous savez. Il

(1) Déposition des témoins, cour des pairs 1840, pages 75 et 82.

(2) Ib. page 93.

n'a plus l'épée d'Austerlitz, puisqu'il l'a laissée choir à Strasbourg; mais, tel qu'il est accoutré, il représente parfaitement la caricature de son oncle.

Derrière lui venaient les soldats postiches. Quelques douaniers, étrangement surpris de cette mascarade, demandent ce que cela veut dire; le prince leur jette quelques pièces de monnaie, et répond fièrement : Je suis l'empereur. Ces braves gens, trop peu nombreux pour s'opposer au débarquement, refusent de s'associer à cette échauffourée de gens ivres. La bande poursuit son chemin et entre dans Boulogne; en passant devant la colonne érigée sur le bord de la mer en l'honneur de la grande armée, elle crie: *Vive la colonne!* Cri hébété, cri stupide, qui prouve mieux que nous ne saurions le dire la belle humeur des conquérants.

Le cortége se dirigea vers la caserne du 42e de ligne; il était précédé d'un officier du régiment, qui accourait en criant: *Le voilà, vive l'empereur!* Alors les soldats postiches, faisant cette fois leur véritable office, se répandaient dans les chambrées et dans les cours une bouteille de rhum à la main, offrant à boire à tous ceux qu'ils rencontraient pour faciliter l'enthousiasme. Voici, à ce sujet, le curieux témoignage du grenadier Geoffroy :

« Le 4 août, je faisais la cuisine à la caserne, lorsque, vers cinq heures trois quarts du matin, des officiers accompagnés de soldats sont entrés dans la cour, et, après s'être mis en bataille, ils ont à plusieurs reprises proféré le cri de vive l'empereur. Je manifestais ma surprise à mon camarade, en lui disant : « L'empereur est mort, il est donc revenu vivant ! » lorsque je vis entrer dans notre cuisine un officier et un sergent décorés (officier et sergent postiches) que je reconnaîtrais peut-être si je les revoyais en uniforme. Le sergent portait une bouteille et l'officier avait le sabre à la main. Tous deux me dirent de boire un coup et de crier vive l'empereur. Je leur répondis que je ne buvais pas et que je ne criais pas vive l'empereur, puisqu'il était mort. L'officier me dit alors : « Puisque vous ne voulez pas boire, je vais vous faire boire de force. Dépêchez-vous de vous mettre en tenue et de prendre vos armes, nous avons l'ordre de votre colonel. Nous marchons sur Paris, c'est un officier de chez vous qui commande. »

Cependant au dehors l'empereur avait rassemblé autour de lui les trois cents *guculards* dont un des conjurés de Strasbourg déclarait, dans un épanchement intime, le concours indispensable au succès de tout complot bonapartiste (1).

Ce fut le grand moment, ce fut la seconde triomphante de cet empire de deux minutes; le prince avait harangué les soldats, et il avait renouvelé l'imposture de Strasbourg en se disant le fils de Napoléon. Voici, sur ce sujet, ce que disaient les soldats interrogés par la cour des pairs :

Jean Mayer, voltigeur. « L'un d'eux s'est avancé vers nous et nous a dit qu'*il était le fils de Napoléon*, que nous étions maltraités, qu'il nous rendrait heureux et que nous aurions beaucoup d'argent (2). »

Joseph Meny, voltigeur. « Le prince s'est avancé vers nous, et a dit : *Je suis le fils de Napoléon.* Vous êtes des esclaves, je veux vous rendre heureux; vous viendrez à Paris, vous serez bien payés (3). »

Georges Kockly, voltigeur. « Le prince Louis Napoléon a dit : *Je suis le fils de Napoléon.*

(1) *Observateur des Tribunaux*, p. 119.
(2) Dép. des tém., p. 155.
(3) Ib.

Soldats, vous allez revoir vos aigles. Vous serez heureux, vous aurez des grades et des décorations (1). »

Antoine Gendre, voltigeur. « Le prince s'est approché, et a dit : *Je suis le fils de Napoléon.* Suivez-moi, vous ne serez plus maltraités. Nous allons à l'hôtel du Nord commander à dîner pour moi et pour vous, et demain nous marchons sur Paris. Il a promis des grades et des croix (2). »

Le prince avait pour système d'élever les humbles; il faisait des promotions avec le sérieux plaisant d'un héros du Cirque. « Caporal, disait-il, suivez-moi, je vous fais lieutenant. — Merci, mon prince! mais je ne dois pas vous suivre. — Je vous fais capitaine. — Bien obligé. — Allons, va pour colonel. » Et ainsi de suite. Il avait prodigué les grades et les décorations comme un homme à qui la chose ne coûte rien. Aux sous-officiers il avait dit : « Vous êtes tous officiers, soyez au nombre de mes braves. » Ces avances furent mal reçues. L'aigle de bois doré, l'aigle vivant et le petit chapeau ne firent pas le moindre effet. La face blondine de

(1) Ib.
(2) Ib.

M. Bonaparte, son accent allemand, ses manières empruntées, et par-dessus tout son étrange accoutrement de carnaval, n'étaient pas faits pour produire une impression favorable sur les soldats.

Quelques faux soldats avaient été apostés autour de la caserne pour n'y laisser pénétrer aucun officier. Ce système d'isoler les officiers des soldats avait déjà été employé par M. Louis à Strasbourg. Cependant un lieutenant du 42ᵉ avait réussi à s'échapper ; il était allé prévenir son supérieur, le capitaine Col. Celui-ci accourut aussitôt, accompagné d'un autre officier.

Le capitaine voulut pénétrer dans la caserne malgré les soldats postiches qui lui barraient le passage. — Criez *vive le prince Louis !* criez *vive l'empereur !* lui dit un des suivants du prince. — Je ne crierai point..... Mais où est-il ? reprit le capitaine. — Me voilà ! dit celui-ci, qui assistait passivement à cette scène ; je suis le prince Louis : soyez des nôtres, et vous aurez tout ce que vous voudrez. M. Louis-Napoléon continuait à promettre toujours. On voit que cette *cause éminemment nationale,* dont il se disait le représentant, ne pouvait, dans son opinion, s'étayer que sur des promesses d'argent, de décorations ou de grades.

— Prince Louis ou non, je ne vous connais pas, répond le brave capitaine Col, et, tirant son sabre, il veut se frayer un passage pour pénétrer dans la caserne. Le prince, transporté de fureur, tire aussitôt de sa poche un pistolet, ajuste le capitaine Col, et casse maladroitement la tête à un malheureux sergent qui se tenait à son rang l'arme au pied (1). Après ce bel exploit, qui aurait compromis la meilleure cause (car on se demande encore comment M. Louis Bonaparte put se porter à une violence qui le déshonorait aux yeux de tous les honnêtes gens), la bande prit la fuite vers la haute ville : la déroute commençait. M. Louis, emporté avec les autres, et ne sachant trop plus ni ce qu'il faisait ni ce qu'il disait, avait mis son petit chapeau au bout de son épée, et s'en allait par la ville en criant *Vive l'empereur* (2) !

Mais déjà la générale battait, le tocsin sonnait, la garde nationale et la ligne s'avançaient au pas de charge pour mettre la main sur ce César de comédie. M. Louis veut d'abord faire bonne contenance ; mais, voyant que tout espoir de réussite est perdu, il prend ses jambes à son

(1) Déposition des témoins.
(2) Ib.

cou et se dirige vers le rivage pour regagner le vaisseau qui l'avait amené. Dans cette ridicule déroute, M. Louis était, comme toujours, à la tête de la bande. Les conquérants se jettent à la nage, et les soldats sont obligés de les repêcher les uns après les autres, le prince Louis et l'aigle inclusivement. Il faudrait un Scarron pour raconter cette Iliade.

Le prince Louis fut traduit devant la cour des pairs. Les magistrats rendirent à la liberté, et ils firent bien, la plupart des hommes enivrés et abusés qui avaient été faits prisonniers. Tous ces malheureux, qui, dans le cas de réussite, devaient marquer parmi les grands dignitaires de l'empire, retournèrent, qui, à ses sauces, qui, à sa livrée, et tous réclamèrent le reste de leurs gages, qui ne leur avaient pas été payés.

On sait comment M. Louis Bonaparte s'échappa du fort de Ham; nous allons revenir avec lui à Londres, et le suivre dans ses obscures menées et ses alliances avec tous les partis. Nous le verrons s'appuyant tantôt sur les républicains exaltés, tantôt sur les socialistes, tantôt sur les modérés, selon qu'il croira de son intérêt de marcher avec les uns ou avec les autres. Si cette première partie de sa biographie n'a pas prouvé à tous les hommes d'intelligence et de bonne foi que la domination de M. Louis ferait tomber la France au dernier rang des nations, nous espérons démontrer dans les lignes qui vont suivre que le succès de cet aventurier ne compromettrait pas seulement la dignité et l'honneur du pays, mais encore ses intérêts et sa fortune.

Après son évasion du fort de Ham, M. Bonaparte revint à Londres, où il reprit ses habitudes de dandysme, fréquentant les clubs, les courses, les combats de coqs, et se montrant chaque soir aux avant-scènes des théâtres, en compagnie des *beaux* de Londres, des fils de cette aristocratie ou plutôt de ce vautour qui, pendant six ans, avait dévoré le foie du moderne Prométhée. Vers cette époque, les rêves d'empire semblèrent enfin s'effacer du cerveau malade du prétendant. Comme tous les fils de famille qui ont follement dissipé leur patrimoine, M. Louis Bonaparte songea à *faire une fin.* Les beaux yeux de la cassette de miss Coutts-Burdet, qui possédait quarante printemps et trente millions de fortune, avaient touché le cœur du héros de Boulogne. Des négociations furent entamées de ce côté, et les journaux de Londres annoncèrent même le prochain mariage de M. Louis et de la riche héritière.

Malheureusement, miss Coutts-Burdet fit des réflexions, et le neveu de l'empereur fut éconduit.

Arriva la révolution de février. M. Louis Bonaparte se déclara républicain de la veille et envoya son adhésion à l'Hôtel-de-Ville. Jusque-là rien de mieux : le titre de républicain pouvait bien être quelque peu contesté à celui qui par deux fois avait tenté d'escamoter la couronne de France à son profit ; mais, dans le premier élan d'enthousiasme causé par les journées de février, tous les cœurs étaient disposés à l'oubli. M. Bonaparte se présenta en personne devant le gouvernement provisoire et ce fut alors que M. Marrast lui dit spirituellement : Si vous venez ici en soldat comme nous tous, soyez le bienvenu ; mais, si vous venez en petit caporal, la France ne veut pas de vous, car vous seriez une cause de guerre civile. M. Bonaparte protesta de son dévouement sans bornes à la République et repartit pour Londres. Le gouvernement crut à sa parole, quoiqu'il eût dû se défier de la bonne foi de l'auteur de la *Lettre au président de la cour royale de Strasbourg ;* mais on ne fut pas peu étonné d'apprendre que M. Louis Bonaparte fomentait des intrigues à Paris et dans les départements. On acquit jusqu'à l'évidence les preuves que l'ancien prétendant de Strasbourg et de Boulogne continuait ses menées souterraines et que, malgré sa promesse solennelle, malgré son serment de dévouement à la République, il n'avait rien oublié de ses anciennes prétentions. Le contre-coup de la révolution de février s'était fait sentir en Angleterre comme chez toutes les nations européennes; l'aristocratie britannique, cette aristocratie qui pèse d'un poids si lourd sur le peuple anglais, était menacée par les démonstrations chartistes et les *meetings* qui s'organisaient sur tous les points du Royaume-Uni. Une grande démonstration se préparait à Londres, M. Louis Bonaparte s'empressa d'offrir ses services au gouvernement; et les nobles privilégiés de la Grande-Bretagne, les bourreaux du chef de la famille Bonaparte eurent le plaisir de voir M. Louis, déguisé en constable, armer ses mains impériales d'un de ces mille gourdins confectionnés à Cowres pour la répression des chartistes. Jamais, nous le croyons, le glorieux passager du *Bellérophon,* si le gouvernement anglais, au lieu de le faire mourir à petit feu à Sainte-Hélène, lui eût ac-

cordé l'hospitalité ; jamais, disons-nous, il n'aurait imaginé ce moyen ingénieux de témoigner
sa reconnaissance à l'Angleterre. Certes M. Louis
Bonaparte n'était pas le seul Français qui habi-
tât Londres au mois d'avril dernier, lorsqu'il
lui prit cette fantaisie *policière ;* eh bien ! quel
autre Français que lui a-t-on cité qui se soit
volontairement fait le sergent de ville de l'aristocratie britannique? M. Guizot lui-même re-
fusa de descendre à cet excès de bassesse. Il
répondit à ceux qui le pressaient de se faire
special constable qu'il ne lui appartenait pas
de se mêler de faire la police, surtout dans une
nation où il n'était qu'un étranger ; mais M. Bonaparte voulait, à ce qu'il paraît, pousser jusqu'à
la honte son dévouement envers les bourreaux
de l'homme immortel dont il revendique l'héri-
tage : cela tendrait peut-être à prouver que s'il
ne peut être ni empereur ni président, il ne
sera pas déplacé comme commissaire de police.

Nous ne voulons pas revenir sur ce qui a
déjà été dit tant de fois ; nous n'examinerons
pas la légitimité des moyens employés par lui
pour se faire nommer représentant, les sommes fabuleuses qu'il s'est attribuées auprès des
classes crédules des villes et des campagnes,

alors que tous ceux qui le connaissent savent qu'il s'est ruiné à semer l'intrigue et à payer des agents pour ses ridicules échauffourées de Strasbourg et de Boulogne; nous nous bornerons à dire que si la commission exécutive avait montré moins de mollesse ou d'indifférence, elle aurait certainement saisi la main de M. Louis Bonaparte dans ces émeutes de la porte Saint-Denis qui furent le triste prélude des terribles journées de juin.

Nous avons tous vu M. Bonaparte à la tribune, nous savons tous ce que nous devons penser de son intelligence; le prétendant, qui se sait faible sous ce rapport, comme sous beaucoup d'autres, a été contraint de déclarer qu'il ne répondrait à aucune attaque, et qu'il se retrancherait dans l'inviolable majesté de son silence. Argument trop commode, en vérité, et qui ne saurait convenir à une nation fière et intelligente, qui n'admet plus qu'une seule aristocratie : celle du patriotisme et du talent.

Quel journal a trouvé M. Bonaparte pour appuyer sa candidature? Un seul, celui de M. de Girardin. Ces deux hommes étaient faits pour se comprendre et s'estimer : l'homme de Boulogne et l'homme de Saint-Bérain. On assure qu'un marché secret a été passé entre

M. Bonaparte et M. de Girardin. Dans le cas, peu probable, nous l'espérons, où le premier serait porté à la présidence, le portefeuille des finances serait confié à l'inventeur du physionotype, à l'associé de M. Cleemann condamné pour escroquerie; au bout d'un mois de ministère, on pourrait s'attendre à voir la France entière mise en actions.

Ah, malheureux contribuables qui vous laisseriez prendre aux mensonges des agents de M. Bonaparte! c'est alors que vous apprendriez à vos dépens l'énorme faute que vous auriez commise. Mais il serait trop tard; et le seul moyen d'éviter tous les malheurs qui frapperaient le pays dans ses instérêts les plus chers, ce serait peut-être, il faut le dire, de recourir à l'affreuse nécessité de la guerre civile.

Que ceux qui affectent de supposer que l'arrivée de M. Louis Bonaparte à la présidence serait un gage d'ordre et de sécurité se détrompent, s'ils sont de bonne foi. L'arrivée de M. Louis Bonaparte à la présidence, dans les circonstances où nous sommes, ce serait la guerre, la guerre universelle; c'est-à-dire la France accablée d'impôts, ruinée dans son commerce, tarie dans sa prospérité. Ce n'est pas au moment où tous les peuples du continent veulent faire triompher la vérité démocratique qu'ils verraient sans inquiétude l'élévation subite d'un homme en vertu du principe d'hérédité ; d'ailleurs M. Louis Bonaparte, obéissant à son entourage et à cet instinct rétrograde qui le porterait fatalement à recommencer l'empire, ne pourrait s'empêcher, en raison même de son nom, de tenter les hasards des batailles. Ce ne serait pas Austerlitz que nous aurions devant nous ; mais nous aurions toutes les calamités de la guerre sans la gloire, toutes ses souffrances sans leur compensation. La France, qui, pour se remettre de la violente secousse de février, a tant besoin de calme, de repos, de tranquillité, verrait encore ses destinées livrées au hasard, et elle aurait en perspective les plus épouvantables malheurs.

Si l'élection de M. Louis Bonaparte à la présidence de la République n'était pas un gage de paix, elle serait encore moins une garantie d'ordre : les bonapartistes sont trop percés à à jour pour soutenir une sérieuse discussion. M. Bonaparte serait par lui-même trop insuffisant pour n'être pas usé dans l'espace de trois semaines. Pour se maintenir au pouvoir, il serait donc forcé de faire des expériences ; il ferait de l'anatomie politique, et la France en serait le sujet. Pourquoi certains socialistes, pourquoi les communistes appuient-ils la candidature de M. Louis Bonaparte? Parce que, repoussé par la partie intelligente de la nation, ils savent bien qu'il sera forcé de se jeter dans leurs bras : ils le disent tout haut. Alors, ce que la France a combattu en juin, elle le subira forcément dans le cas où le prétendant viendrait à triompher en dépit du sens commun ; alors, les campagnes, qui tressaillent encore au nom de Napoléon, verraient, par la ruine de leurs propriétés, par la misère de plus en plus envahissante, où les aurait conduites ce vote de sentiment. Un homme nouveau dans le pays et nouveau dans la politique des affaires, comme l'est M. Louis Bonaparte, ne pourrait se maintenir au pouvoir que par un expédient. Eh bien ! l'expédient, n'en doutez pas, ce serait le communisme. Cela ne vaut-il pas la peine que l'on réfléchisse un peu ?

Nous savons bien qu'un grand nombre de gens font valoir en faveur de M. Louis Bonaparte des arguments très-concluants de la force de ceux-ci : ils disent qu'il est nul, que par conséquent il n'aura pas de volonté, en un mot qu'il sera un *soliveau.* Des suffrages qui s'appuient sur un tel raisonnement n'ont rien que de très-flatteur sans doute, mais nous nous permettrons de faire observer à ces dialecticiens de l'école constitutionnelle que les hommes nuls sont généralement des hommes entêtés et par conséquent dangereux. C'est l'entêtement de Charles X qui a poussé la France à une révolution. Or, nous en revenons toujours à cette terrible solution : après la République, il n'y a plus qu'une chose possible, c'est le communisme, c'est-à-dire l'anarchie et la mort.

Si, dans les premiers temps de la révolution de février, on eût manifesté la crainte que les hommes qui soutiennent aujourd'hui l'élection de M. Louis Bonaparte n'osassent un jour se prononcer en faveur des vrais principes démocratiques contre le retour accidentel de ridicules préjugés d'hérédité en matière politique ; si l'on eût ajouté qu'on doutait que dans l'éventualité d'une surprise, d'une erreur d'un moment, au cas où la recrudescence de nous ne savons quelle superstition historique donnerait une force passagère à un homme dans lequel se personnifieraient ces tristes fictions, à l'ancien prétendant impérial, par exemple ; si l'on eût ajouté, disons-nous, qu'on doutait qu'alors ils osassent repousser la candidature d'un personnage dont la fortune avait naufragé si piteusement dans les eaux de Boulogne et dans le ridicule, ne se seraient-ils pas écriés qu'on les calomniait? Eh bien! le fait existe, et ces hommes ne sont pas bafoués et ridiculisés, et il faut discuter sérieusement aujourd'hui une candidature qui, il y a six mois, aurait fait éclater de rire un hypocondriaque! La France voudrait-elle donc devenir la risée des autres nations? serait-elle condamnée, comme ces personnages fabuleux de l'antiquité, à faire et à défaire sans cesse la même tâche? Ne sentons-nous pas tous, quelles que soient nos opinions politiques, le besoin d'empêcher à jamais le retour de révolutions nouvelles? Tous tant que nous sommes, dans notre propre intérêt, dans l'intérêt de nos familles, dans l'intérêt sacré de ce glorieux pays si cruellement éprouvé depuis soixante années, ne comprenons-nous pas que le repos, la tranquillité intérieurs sont aujourd'hui les premières conditions de notre prospérité future? Ah! malheur à nous si, après tant de secousses, nous méconnaissons les grands principes sur lesquels repose la démocratie nouvelle : la modération et l'oubli! C'est en n'oubliant jamais ces principes que nous fonderons enfin un édifice durable; c'est par ces principes que la société pourra se défendre contre les attaques d'une absurde réaction et contre les excès de ces démagogues qui, par anticipation sans doute, s'intitulent républicains avancés.